Richard Bach
Auf den Flügeln der Träume

Richard Bach

Auf den Flügeln der Träume

Aus dem Amerikanischen von
Waltraud Götting

Illustrationen von K. O. Eckland

Ullstein

Ullstein ist ein Unternehmen der Verlagsgruppe
Econ ULLSTEIN List

© 1999 by Richard Bach
Titel der amerikanischen Originalausgabe: *Out of My
Mind. The Discovery of Saunders-Vixen*, erschienen bei
William Morrow and Company, Inc., New York 1999
Aus dem Amerikanischen von Waltraut Götting,
Wiesbaden
© 2000 der deutschsprachigen Ausgabe by Econ Ullstein
List Verlag GmbH & Co. KG, München
Alle Rechte vorbehalten
Satz: LVD GmbH, Berlin
Druck und Bindung: Grafischer Großbetrieb Pößneck
Printed in Germany
ISBN 3-550-07117-5

Für Tink

Eins

Auf den Flügeln der Träume

Das Problem war die Tür. Sie wollte einfach nicht offen bleiben.

Bei der Piper Cub ist die Tür zweigeteilt in eine trapezförmige obere Hälfte mit einer Plexiglasscheibe als Fenster und eine untere Hälfte, die, wie der Rest des Flugzeugs, mit gelbem Stoff bespannt ist. Mit der unteren Hälfte gibt es keine Probleme, weil sie, sobald man sie entriegelt, herunterklappt und durch ihr Eigengewicht in dieser Stellung gehalten wird.

Die obere Hälfte geht jedoch nach oben auf, und es gibt einen spilligen kleinen Schnappriegel, der die Tür offen hält, wenn Pilot oder Fahrgast ins Cockpit steigt oder herausklettert. Die Arretiervorrichtung hält die Klappe offen, während die Maschine anrollt und abhebt.

Richard Bach

Der Blick aus einer Cub mit geöffneter Tür, wenn Gras und Baumwipfel wegkippen und dein Herz sich in die Höhe schwingt, ist wie 3-D-Breitwand-Technicolor mit Stereosound. Der Wind fegt vorbei, ein 28er Cabrio in rauschender Talfahrt, nur dass statt des Verdecks eine Seite fehlt. Klatschend in diesen Wind einzutauchen ... das ist es, was Leute wie mich reizt, sich mit Flugzeugen zu befassen.

Außer dass die obere Türhälfte herunterknallte. Sobald ich schneller war als fünfundsechzig Meilen die Stunde, hielt die Verriegelung dem Druck des Windes nicht mehr stand, und *rumms*! saß ich in einer halb geschlossenen Kabine und war von meinem Windstrom abgeschnitten. Überaus ärgerlich.

Als mir das zum ersten Mal passierte, zerbrach ich mir tagelang den Kopf über das Problem. Es ließ mich nicht mehr los.

Bei der Arbeit, immer wenn ich zu schreiben versuchte, drehte es sich gemächlich im Raum zwischen meinen Augen und dem Computermonitor, das Bild der Türhalterung. Ein größerer Riegel derselben Art war nicht

Auf den Flügeln der Träume

die Lösung. Die Kraft des Windes nimmt in Relation zur Geschwindigkeit zu, das war mir klar. Die Tür würde bei siebzig Meilen in der Stunde herunterknallen anstatt schon bei fünfundsechzig.

Die Tür abmontieren? Nein, dachte ich. Irgendwann, im Winter, bei einem Sturmregen ... ich will nicht, dass die Seite der Maschine für alle Zeiten offen steht.

Ein Haken, ein Haken wie an einer Schiebetür. An einem Flugzeug? Wo sollte ich ihn festschrauben, in der Tragflächenbespannung?

Während ich unschlüssig durch die Gänge der Eisenwarenhandlung schlenderte, verfolgte mich das Bild. Kein Magnet, kein Druckverschluss, kein Fensterriegel. Nichts war geeignet. Es gab keine Möglichkeit, die Vorrichtung an der Tragfläche zu befestigen. Als ich schlafen ging, verblasste das Bild.

Früh am nächsten Morgen, bevor ich noch richtig wach war, hatte ich das Bild schon wieder vor Augen. Gequält stöhnte ich bei seinem Anblick auf. Wollte es mich schon wieder den lieben langen Tag verfolgen, mich ob meines technischen Unvermögens verhöhnen?

Richard Bach

Als ich aber noch einmal hinsah, diesmal genau hinsah, war der Verschluss nicht mehr derselbe wie am Tag zuvor. Ganz und gar nicht derselbe. Er war mit zwei speziellen Spreizschrauben am Tragflügel befestigt, aber nicht etwa im Stoff der Bespannung, sondern an der Aluminiumrippe darunter. Dort war die Befestigungsfläche groß und stabil genug für ein anderes Modell, für einen Riegel, der sich über den Türrahmen selbst schob, der sich mit einem Handgriff öffnen und schließen ließ und die Tür dennoch festhielt wie ein Schraubstock.

Das Bild schwebte gerade so lange im Morgenlicht vor mir, bis ich es begriffen hatte, dann war es verschwunden. Kein Bild in der Luft, kein Problem, das mich beschämte, rein gar nichts. Einfach nur Luft.

Es bedurfte keines weiteren Ansporns. Ich griff nach dem Block neben meinem Bett und zeichnete mit ein paar Strichen eine Skizze des neuen Modells. Ob es funktioniert? Klar wird es funktionieren! Warum haben die Piper-Cub-Werke nicht schon 1939 einen solchen Riegel erfunden?

Innerhalb weniger Stunden war der Be-

Auf den Flügeln der Träume

schlag fertig, das Messing des Riegels säuberlich durchbohrt, und die kleinen Spreizschrauben waren zu gerade mal zwei Dornen zurechtgeschnitten und sicher an ihrem Platz im Tragwerk verankert.

Ich zog den Flieger aus dem Hangar, schwang ihn in die Luft, erhöhte die Geschwindigkeit auf einhundertzehn Meilen. Die Tür saß bombenfest wie der Flügel selbst.

Ich bin keine Flasche, ich bin ein genialer Erfinder. Kann's nicht erwarten, die Maschine neben der nächstbesten Cub, die mir unter die Augen kommt, abzustellen, prüfend deren lächerlichen Türriegel zu betrachten, mich mit einem gemurmelten »Jammerschade...« an eine Pilotin zu wenden, die genau wissen wird, was jammerschade ist, die alles, auch ihre besten Fliegerhandschuhe, für eine halbwegs funktionierende Türverriegelung geben würde.

Und das war auch schon die ganze Geschichte. Mit der Zeit ging die Begeisterung über meinen Türriegel in ein allgemeines Hochgefühl über, und wenn ich heute den Riegel aus dem Gedächtnis zeichnen müsste, würde mir das wahrscheinlich nicht gelingen.

Richard Bach

Keinen Monat später passierte es dann jedoch wieder.

Wahrscheinlich hatte ich den Deckel am Öltank des Motors nicht richtig zugeschraubt, und als ich eines Tages hoch über einem Wald dahinflog, erfasste mich ein plötzlicher Fallwind, ein heftiger Ruck ging durch die Maschine. Im selben Augenblick sah ich einen Kanarienvogel, der an der offenen Tür vorbeiflog.

»Komisch«, sinnierte ich laut vor mich hin und drehte mich nach dem gelben Tupfer um, der rasch aus meinem Blick verschwand. »Was macht ein Kanarienvogel in dieser Höhe und in dieser gottverlassenen Gegend?« Dann sagte ich mir, dass es ein entflogener Vogel gewesen sein musste, der, endlich frei, beglückt seine kleinen Flügel spielen ließ.

Wenige Minuten später bemerkte ich ein paar Tropfen Öl auf der Verstrebung gleich neben der offenen Tür. Dann viele Tropfen. Dann Öl auf der rechten Seite der Windschutzscheibe, dann Öl, das seitlich am Rumpf in Strömen herunterfloss.

Irritiert steuerte ich auf eine große ebene

Auf den Flügeln der Träume

Wiese zu. Haben wir einen defekten Ölschlauch? Oder was ist hier los?

Dann dämmerte es mir. Vorhin über dem Wald, das war kein Kanarienvogel, das war mein Öldeckel! Es war der Deckel meines Einfüllstutzens, kanariengelb gestrichen, und das hier war mein Motoröl, das aus dem deckellosen Tank gesogen wurde! Zeit für die Landung.

Am selben Abend. Ein Öldeckel dreht sich im Raum zwischen mir und meinem Computermonitor. Wie schaffst du es, Richard, dass du nie wieder einen Öldeckel verlierst? Bei irgendeinem Flug, irgendwann einmal wirst du den Messstab nicht bombenfest hineinstecken, und dann wirst du wieder einen gelben Kanarienvogel sehen und murmeln: O nein ...

Ich kann ihn nicht mit einem Bolzen oder einer Stiftschraube befestigen, die, wie ich mich kenne, wahrscheinlich im Öltank landen würden. Es muss doch eine Möglichkeit geben, ihn zu befestigen ... Aber das Ding ist dafür gedacht, einfach nur festgeschraubt zu werden. Und ich weiß, dass ich eines Tages vergessen werde, es richtig festzudrehen.

15

Richard Bach

Wie verhindere ich, dass sich der Deckel lockert und zu einem letzten Alleinflug abhebt, solo?

Ich wachte schon vor dem Morgengrauen auf und stellte fest, dass das unscharfe Bild noch da war, genau wie am Abend zuvor schwebte es vor mir, das Problem ungelöst. Aber ich beobachtete es genau, ohne darüber nachzudenken. Sah es einfach nur an. Geduldig.

Und dann passierte etwas Merkwürdiges. Es rauschte in der Luft, das Bild löste sich auf, und ein anderer Öldeckel erschien. Und während ich ihn betrachtete, sah ich für den winzigsten Bruchteil einer Sekunde einen Schatten hinter dem Metallobjekt, ein schönes menschliches Gesicht, das kurz auftauchte, so wie man es vielleicht in dem Augenblick, in dem die Post eingeworfen wird, durch Glas sehen würde. Das Gesicht der Briefträgerin.

In dieser Sekunde, als ihre Augen meinem aufmerksamen Blick begegneten, erschrak sie, hielt den Atem an und war verschwunden.

In der Luft schimmernd, drehte sich ent-

Auf den Flügeln der Träume

gegen dem Uhrzeigersinn ein Öldeckel mit einem Riemen daran, aus Leder, wie ein Schnürsenkel. Ein Ende des Riemens war mit einer winzigen Drahtschlaufe am Deckel, das andere an der Aufsatzschelle genau unterhalb des rechten hinteren Zylinders befestigt. Saß die Schelle an ihrem Platz, so konnte, das sah ich deutlich, diese Vorrichtung unmöglich davonfliegen. Sie konnte vielleicht durch einen Tornado losgerissen werden, aber sie würde die Cub nur verlassen, wenn sie die vordere Hälfte des Flugzeugs mit sich riss.

Die einfache, überzeugende und nahe liegende Lösung.

Am selben Abend stand ich in der Werkstatt, bohrte ein winziges Loch für die Verbindungsschlaufe in den Seitenrand des Deckels, führte einen Draht als Halterung für den Riemen hindurch, band den Riemen an die Aufsatzschelle und setzte sie an der dafür vorgesehenen Stelle in die Cub ein. Es funktionierte hervorragend. Selbst als ich den Deckel abschraubte und mit aller Kraft daran zog, um ihn vom Öltank abzunehmen, ließ er sich nicht weiter als ein paar Zentimeter vom Öffnungsloch anheben, der Messstab steckte nach wie vor im Einfüllstutzen, der Riemen gab keinen Zentimeter nach. Ja! Nie wieder ein Kanarienvogel!

Als ich an diesem Abend zum Haus zurückging, kam ich ins Grübeln. Warum ausgerechnet ein Lederriemen?, ging es mir durch den Kopf. Warum nicht ein Stahldraht? In der Flugzeugtechnik benutzt heutzutage alle Welt Stahlkabel, warum war mir in diesem Zusammenhang Leder in den Sinn gekommen?

Während ich das Rätsel zu ergründen suchte und an den Augenblick zurückdachte, in dem mir die Lösung gekommen war, sah ich wieder dieses schöne Zehntelsekundengesicht vor mir, einen Holzzeichenstift lässig in das dunkle Haar gesteckt, tief in den braunen Augen Überraschung, als sie meinem Blick begegnet waren. Und gleich darauf das schlagartige Verschwinden.

Jemand sprach die Worte mit meiner Stimme aus, während ich, diese Erinnerung im Kopf, wie angewurzelt stehen blieb. »*Wer? War? Das?*«

Ich machte den Mund zu, aber die Frage

Auf den Flügeln der Träume

blieb in der Luft hängen. Wie hatte ich nur diese Augen vergessen können? Nicht morgendliche Klarsicht hatte meine flugzeugtechnischen Probleme gelöst, da war eine Frau gewesen!

Sie müssen kein Quantenphysiker sein, um sich vorzustellen, mit welchem Problem ich mich an diesem Abend und am nächsten Tag und auch noch am übernächsten Tag herumschlug. Dass sich etwas im Bruchteil einer Sekunde abspielt, heißt noch lange nicht, dass es nicht passiert ist, das kann Ihnen jede Tontaube verraten.

Und genau so, in tausend Scherben geschossen, fühlte ich mich nach dieser einen Momentaufnahme. Es war kein Irrtum möglich. Wir können, habe ich gelernt, einen unregelmäßig geformten Gegenstand nicht erkennen, wenn wir ihn nicht wenigstens eine halbe Sekunde sehen. Bei einem geometrischen Objekt versagt unsere Wahrnehmungsfähigkeit bei weniger als einer Fünfzigstelsekunde. Aber ein Lächeln prägt sich uns schnell wie der Blitz in einer Tausendstelsekunde ein, so sensibel reagieren unsere Sinne auf menschliche Gesichter.

Am folgenden Nachmittag flog ich die Cub, und vom Boden aus muss das kleine Flugzeug einen behäbigen Anblick geboten haben, wie es sich gemächlich, die gelben Flügel träge auf dem Wind ausgebreitet, in die Kurven legte, der Motor ein kaum hörbares Flüstern.

Für mich war es keine behäbige Angelegenheit. Ich kann mit diesem Flugzeug in die ganze Welt fliegen, dachte ich. Es gibt keinen Winkel auf diesem Planeten, den man mit großen Spezialtanks nicht erreichen könnte. Aber wohin fliegen, um die Person ausfindig zu machen, die mir diese einfache Entwurfsidee geliefert hatte?

Ich drosselte den Motor um ein paar hundert Umdrehungen auf Nullschub, bis sich der Propeller gerade noch schnell genug drehte, um das Gewicht der Maschine zu ziehen. Bei diesem Antrieb wurde die Cub zu einem sonnenbemalten Segelflieger, einem Neunmetersegelkajak, der am Himmel trieb. Sie hob und senkte sich auf den Wellen der Lüfte, die unter ihren Flügeln hindurchströmten.

Wenn es meine schöne Botengängerin tatsächlich gab, warum hatte ich sie dann bei der Lösung des ersten Problems nicht gesehen, warum hatte ich nicht gesehen, wie sie mir die Türbefestigung zutrug, mit Sonderzustellung? Bei der Erinnerung runzelte ich die Stirn.

Als der Verschluss vor meinen Augen aufgetaucht war, hatte nichts auf eine Botin hingedeutet. Nichts als die Botschaft selbst, eine elegante Lösung für ein Problem, das mich beschäftigte. Und die Lösung hatte darauf gewartet, dass ich, aus dem Schlaf auftauchend, die Augen aufschlug und sie bemerkte.

Die Cub kurvte geschmeidig und langsam wie ein Seevogel über Ackerland, ausgebreitet wie eine goldene Patchworkdecke am Nachmittag. Vom Schnurren ihres kleinen Motors gezogen, ließ sie sich von einer

Richard Bach

Welle warmer Luft fünfzehn Meter in die Höhe heben, segelte, in ihrem unsichtbaren Fahrwasser den Himmel aufwirbelnd, hindurch und pflügte dann weich durch die kühlere Senke, die folgte.

Es war ein herrlicher Tag, um sich durch die Lüfte treiben zu lassen. Meine Gedanken waren anderswo.

Natürlich. Ich hatte sie beim ersten Mal nicht gesehen, weil sie bereits gekommen und gegangen war; die Botin hatte ihr Päckchen abgeliefert und war weitergezogen. Aber beim zweiten Mal war der Kunde auf die Sendung vorbereitet, ich hatte darauf gewartet. Wenn wir nur lange genug an unserem Briefkasten stehen, dachte ich, müssen wir uns dann wundern, wenn der Postbote erscheint?

Es war absolut logisch, das Problem war gelöst. Genau so war es, und darum hatte ich die Frau gesehen.

Natürlich sind Antworten überhaupt keine Lösungen. Das Rätsel war nicht mehr die Frage, wie ich Konstruktionsideen zur Verbesserung meines Flugzeugs finden sollte. Das Rätsel war jetzt so unergründlich wie der

Auf den Flügeln der Träume

Himmel selbst: Woher kamen diese Konstruktionsideen?

Vor langer Zeit habe ich gelernt, dass alles, genau so, wie es ist, seinen Grund hat. Der Krümel liegt nicht nur zur Erinnerung an unseren Frühstückstoast auf dem Tisch, er liegt dort, weil wir uns entschlossen haben, ihn nicht wegzukehren. Ausnahmslos. Alles hat einen Grund, und selbst das winzigste Indiz gibt einen Hinweis.

Aus der Höhe gewinnen wir im wahrsten Sinn des Wortes Perspektive. Das Cockpit eines kleinen Flugzeugs wird, sobald wir uns darin heimisch fühlen, ein Horst, in dem sich perfekt Probleme lösen lassen.

Der überraschte Ausdruck in ihren Augen. Warum sollte sie, wenn sie doch ein Kurier ist, verwundert darüber sein, dass der Empfänger schon auf seine Sendung wartet?

Die Cub umrundete eine winzige Wolke. Später am Nachmittag würde der kleine Wattebausch riesengroß sein: massiv, turmhoch. Aber noch war es ein verspieltes, zerzaustes Schäfchen, das um meine Tragflächen tollte.

Überrascht wäre sie, wenn es sonst nie passiert, dachte ich. Sie rechnet wohl damit,

Richard Bach

dass ihre Kunden schlafen, wenn die Post gebracht wird. Wenn einer von tausend dann plötzlich hellwach ist und ihr bei ihrem Eintreffen entgegenstarrt, ist sie natürlich erschrocken.

Der Stift in ihrem Haar. Warum würde bei mir dort ein Stift stecken, wenn ich sie wäre?

Weil ich ständig einen Zeichenstift brauche. Weil ich so oft einen Stift benutze, dass es Zeitverschwendung wäre, ihn jedes Mal vom Schreibtisch nehmen zu müssen.

Aber ... warum benutze ich so oft einen Zeichenstift?

In der Ferne, gut siebenhundert Meter vor mir, ein Schulflugzeug, eine Cessna. Ich wippte kurz mit den Flügeln der Cub: Hallo, ich habe dich im Blick. Zu meiner Überraschung winkten die Flügel der Cessna zurück. Es ist ein alter Fliegerbrauch, nicht mehr häufig praktiziert dieser Tage.

Warum brauche ich so oft einen Zeichenstift, dass ich ihn mir ins Haar stecke? Weil ich viele Linien auf Papier male. Weil ich ständig zeichne.

Weil ich Entwurfszeichnungen fertige. Von Teilen. Für Flugzeuge!

Auf den Flügeln der Träume

Das kann nicht sein, dachte ich. Konstrukteure benutzen keine Zeichenstifte. Sie benutzen Computer. Sie arbeiten mit computergestützten Zeichenprogrammen, mit einer Maus, an einem Bildschirm. Wenn du kein CAD hast, bist du kein Konstrukteur, dann bist du unter die Räder des Fortschritts gekommen.

Jetzt, da sich der Boden allmählich erwärmte, schlug der Ozean der Lüfte höhere Wellen. Von Zeit zu Zeit brach sich ein Schwall aufsteigender Wärme mit einem nachhallenden Klatschen an der Nase der Cub, und ein Sprühregen feiner Himmelstropfen spritzte zehn Fuß hoch in die Luft.

Ihr Haar, dachte ich, die dunkle Fülle gebändigt und im Nacken aufgesteckt, das tut sie nicht, um sich ein altmodisches Aussehen zu geben. Sie ist absolut nüchtern und professionell, diese Frau, sie gibt nicht vor, etwas zu sein, das sie nicht ist. Es gibt einen Grund ...

Ich ließ diesen Augenblick noch einmal an mir vorüberziehen. Welche Hinweise gab es sonst noch? Was war mir entgangen? Ihr Mund leicht geöffnet vor Schreck. Ein weißer

Richard Bach

Kragen, streng zugeknöpft, eine dunkle, ovale Brosche, in Silber gefasst, am Halsansatz. Der hölzerne Bleistift, unlackiert, ohne Radiergummi, griffbereit. Gelbes Licht im Hintergrund, die Farbe von sonnenbeschienenem Holz. Sonst nichts. Die wunderschönen Augen.

Was ich gesehen hatte, war keine grellweiße Bürozelle in der CAD-Abteilung eines Großkonzerns. Es war eher, als ob ... Warum benutzte eine tüchtige, professionelle Konstruktionszeichnerin so häufig einen Stift, dass sie ihn im ...

Sie benutzte einen Zeichenstift, weil sie keinen Computer hatte.

Aber warum hatte sie keinen Computer? Für alles gibt es einen Grund. Warum der strenge Kragen, die Brosche, warum kleidete sie sich so anders als alle anderen? Warum das gelbliche Licht?

In der trägen Cub, in achthundert Meter Höhe, richtete ich mich mit einem Ruck kerzengerade auf.

Meine Konstrukteurin hat kein CAD, weil CAD noch nicht erfunden wurde. Sie trägt diese altmodischen Kleider nicht, um anders

Auf den Flügeln der Träume

auszusehen als die Menschen um sie herum, sondern um *genauso* auszusehen wie sie. Sie sieht aus, als wäre sie von gestern, *weil sie aus einer anderen Zeit kommt.*

Mit einem Schlag war meine kleine Segeltour beendet. Ich drosselte den Motor, ließ die Cub in Rückenlage gehen und stürzte der Erde entgegen wie ein Klippenspringer. Ich musste wieder festen Boden unter den Füßen haben, die verschwommene unirdische Welt des Fliegens abschütteln. Ich musste ergründen, ob das, was ich wusste, wirklich wahr sein konnte.

Zwei

Auf den Flügeln der Träume

Wer immer gesagt haben mag: »Die Reise selbst ist das Vergnügen, nicht die Ankunft«, war bestimmt nicht zur anderen Seite der Zeit unterwegs.

Eine Woche nach meinem Flug mit der Cub war ich dem Ort, von dem meine Flugzeugteilentwürfe stammten, noch keinen Millimeter näher gekommen. Kein einziges Mal mehr hatte ich das Gesicht der schönen Botin gesehen.

Dass ich neugierig war, dass ich einen Blick in ihre Welt werfen wollte, sei mein Problem, schien sie mir sagen zu wollen; sie war absolut nicht gewillt, mich ohne die Genehmigung ihres Arbeitgebers bei meinem Vorhaben zu unterstützen. Wenn man danach ging, wie viele Indizien ich in einer Woche sammeln konnte, in der ich mit aller

List und Tücke versuchte, sie hervorzulocken, dann existierte sie nicht.

Abendelang lag ich auf dem Sofa vor meinem kleinen Kamin und starrte in die Flammen. Wenn ich die Augen halb schloss, hatte ich den Eindruck, dass der Feuerschein noch an einem anderen Ort flackerte, in einem Raum, in dem hochlehnige Ledersessel standen. Ich konnte die Sessel nicht sehen, sondern spürte sie nur, spürte die Anwesenheit von Leuten im Raum, ein undeutliches Stimmengemurmel, spürte, wie jemand vorbeiging, ohne Notiz zu nehmen, nicht weit weg. Ich sah nur das Feuer und Schatten in einem Raum, der nicht meiner war.

Ich schüttelte den Kopf, und die Vision, zerbrechlich, wie sie war, zersplitterte.

Schließlich kam mir eine Idee. Um sie hervorzulocken, brauche ich sie doch nur mit einem Problem zu konfrontieren, das gelöst sein will! Und wenn sie mit der Lösung erscheint, bin ich zur Stelle und bitte sie zu bleiben.

Augenblicklich machte ich mich daran, mir ein neues Paar Radbremsen auszudenken. Brauchte ich nicht eine Konstruktion, die sich,

Auf den Flügeln der Träume

im Flug zusammengeklappt, zu einer Form entfalten ließ, die der Cub auch in einem Sturm Halt geben würde? Ich malte mir ein paar jämmerliche Bremsen aus, ließ sie in meinem Kopf schweben, bevor ich das Licht löschte, der Köder war ausgelegt.

Nichts. Der Morgen dämmerte, und die verdammten klapprigen Dinger waren immer noch da. Am nächsten Abend bat ich die Unbekannte, mir beim Erfinden einer Vorrichtung zu helfen, die verhindern konnte, dass Regenwasser in den Treibstofftank lief, irgendetwas Raffinierteres als eine umgedrehte Tomatenmarkdose. Vielleicht etwas maschinell Hergestelltes aus Aluminium?

Schweigen. Keine Reaktion. Vorgeschützte Probleme, Entwürfe für Radbremsen, wo Holzkeile doch die beste Lösung waren, ein Tankdeckelschutz für ein Flugzeug, das immer im Hangar stand, zusammengeschusterte Konstruktionen, deren einziger und wahrer Zweck es war, sie auf den Plan zu rufen, konnten sie nicht aus der Reserve locken. Alle diese Dinge schwebten am nächsten Morgen noch genauso vor mir wie am Abend zuvor, nichts als Köder, die mich keinen Deut

33

interessierten, außer dass sie mir vielleicht dazu verhelfen konnten, ihre Augen noch einmal zu sehen.

Zwei Wochen ließen ahnen, dass meine List in Jahren nicht zum Erfolg führen würde, und der Gedanke quälte mich. Im stillen Morgengrauen bat ich um Verzeihung für die falsche Fährte, die ich gelegt hatte. Ich hatte meinen Wunsch, sie wieder zu sehen, in einem Schleier der Tücke verhüllt. Was erwartete ich von diesem Täuschungsmanöver, das sie veranlassen sollte, voller Vertrauen zu erscheinen und mir von einer Seite der Zeit zur anderen hallo zu sagen?

Einen Monat nach dieser Erkenntnis starrte ich abends immer noch ins Kaminfeuer, darüber die alte Uhr auf dem Sims, und rekonstruierte mit jedem Ticken, was geschehen war. Die Entwürfe waren von irgendwoher gekommen, sie waren in diesem Moment, im Winter 1998, eingebaute Wirklichkeit in meiner fröhlich dreidimensionalen Piper J-3C in ihrem Hangar.

Ich hatte sie mir nicht ausgedacht, ich hatte keinen blassen Dunst, wie ich die Probleme lösen sollte, als sie mir beim Einschla-

Auf den Flügeln der Träume

fen entglitten waren. Sie waren nicht das Werk eines Nachbarn, der mir in der Morgendämmerung heimlich mit einem Laserprojektor holografische Streiche spielte. Es waren keine Halluzinationen. Es waren einfache, aber geniale Erfindungen... praxistaugliche Konstruktionen, die reale Probleme lösten.

Und dann dachte ich noch, dass sie keinerlei Merkmale unserer Zeit aufwiesen. Keine hochmodernen Materialien, keine subtilen Haftungsbeschränkungen, nichts, was auf ein raffiniertes Computerprogramm für ratlose Techniker hinwies.

Ihr Gesicht ließ mich nicht los. Sachlich, professionell, so vollkommen auf ihre Arbeit, auf die perfekte Ausführung ihrer Aufgabe konzentriert, dass ein Blick in meine geöffneten Augen sie völlig verdutzt und aus dem Konzept gebracht hatte.

Ich betrachtete die Flammen, die tanzende Schatten warfen. Es gibt einen Ort. Es gibt einen Raum, der so real und warm und unveränderlich in seiner Welt ist wie dieser hier in meiner. Er ist nicht Hier, er ist Wann ...

»Na schön, Gaines, versuchen Sie es morgen früh, wenn Sie wollen. Nehmen Sie die Ef-Zett-Zett. Aber passen Sie auf, dass Sie sie heil zurückbringen.«

Die Worte wurden nicht laut ausgesprochen, der Sprecher stand nicht vor meinem Sofa; es war die alltägliche Beiläufigkeit der Worte in meinem Kopf, die erschreckte, die Glaskante dieses einfachen Satzes, der meine Stille durchschnitt. Ich spürte ihn als Prickeln in meinem Nacken.

»Was?« Als könnte ich, indem ich ihn überraschte, indem ich in die Grabesstille meines Wohnzimmers hineinrief, eine Antwort provozieren. »*Was?*«

Die Uhr tickte vor sich hin, ein bedächtiges Maß der Zeit.

Auf den Flügeln der Träume

Allein im Haus, scherte es mich nicht, wer mich hörte. »*Ef-Zett-Zett?*«

Keine Antwort.

»*Gaines?*«

Tick; tack; tick; tack.

»*Spielst du irgendein Spiel mit mir?*« Eine rasende Sehnsucht ergriff Besitz von mir.

»*Was ist das für ein Spiel?*«

Drei

Auf den Flügeln der Träume

Nach Wochen war mir das Offensichtliche klar. Ich würde das Rätsel nicht lösen, indem ich an ihm zerrte oder darauf herumhämmerte oder es um Dinge bat, die es nicht tun würde. Es stellte sich die Frage: Hatte ich über der Suche nach einer tauglichen Türverriegelung den Verstand verloren? Eine Sackgasse, diese Vorstellung. Woher sollte ich es wissen?

In höchster Not, wenn es, was glücklicherweise selten vorkommt, nicht so gut läuft für mich, schleppe ich meinen Schlafsack zur Cub, lasse den Motor an, fliege über einen Horizont dem Sonnenuntergang entgegen und lande für die Nacht auf einer Wiese. Dann betrachte ich den Himmel, lausche auf Stimmen von Freunden, die ich nicht sehen kann.

Richard Bach

Manchmal kann man nur gewinnen, wenn man kapituliert. Und kapitulierend legte ich mich ins Gras unter den Flügel meines kleinen Luft-Schiffs und befragte die Sterne.

»Wenn ich verstehen soll, was ich erlebe«, flüsterte ich dem Stern Arktur zu, »dann zeig mir, was ich wissen muss. Ich begreife nicht, was ich jetzt tun soll. Du bist dran. Ich lasse los.«

Eine hauchzarte Brise erwiderte mein Flüstern, Wind in Grashalmen, die schon seit tausend Jahren seufzten. »Ja, lass los.«

Vier

Auf den Flügeln der Träume

Ich lag da in der Nacht, fest zugedeckt von
der kühlen Decke der Dunkelheit, und at-
mete langsam, langsam und tief durch. Lass
los. Es ist nicht dein Rätsel. Du brauchst keine
Lösung zu finden. Was ist, ist. Dein Part:
schweigen. Deine Mission: stillhalten.

Tief einatmen; verharren; langsam ausatmen. Lange ruhig verharren. Kühle Luft einatmen; verharren; warme Luft ausatmen.
Meine einzige Pflicht ist zu sein.

Die Dunkelheit umwogte mich, durch-
drang mich, die Nacht wurde eins mit mir.
Das eigenartige Gefühl, zu schweben, leicht
zu werden und gleichzeitig unendlich schwer
mit der Erde zu verschmelzen.

Vor meinen Augen, um mich herum begann sich, ohne dass ich es richtig bemerkte,
die Szene zu bewegen, so wie draußen die

nächtliche Landschaft wegzugleiten beginnt, wenn der Zug anfährt. Flüsterhauch der Beschleunigung, lautlos in der Dunkelheit. Kümmer dich nicht darum, Richard, dachte ich, es spielt keine Rolle. Lass es zu. Nimm es an. So beruhigend war der Gedanke, dass es mich nicht irritierte, als sich die Mauern meiner Welt verrückten. Alles hatte seine Richtigkeit.

Mein Atem ging ruhig, langsam, unbeschwert, vor mir ein blasser Lichtschimmer. Als die Mauern sachte, geräuschlos zum Stehen kamen, war es heller Tag.

Ich ruhte in smaragdgrünem Gras unter einem weiten Himmel. Die Cub und die Nacht waren verschwunden. Ich lag in der Nähe eines Weges auf einem kleinen Hügel, mahnte mich: langsam, keine Eile, lass dir Zeit. So richtete ich mich ganz gemächlich zum Sitzen und, später, zum Stehen auf. In diesem Augenblick ein fernes Donnergrollen in meinem Rücken. Ich drehte mich um.

Das Dach des Hangars war ein langgestrecktes, flaches Bogengewölbe, fünfzehn Meter über dem Boden. Unter dem Bogendach ein breiter Fensterglasstreifen, Hunderte von Fensterscheiben aneinander gereiht. Unter den Fenstern mächtige, zehn Meter hohe Türen. Das tiefe, leise Donnergrollen kam von einer dieser schweren Türen, die auf Rollen zur Seite glitt.

Ich sah zu, ohne mich zu rühren.

Stimmen drangen herüber, unverständlich. Ein Lachen. Die Männer trugen weiße Overalls. Das sind Mechaniker, dachte ich, formulierte dann neu: Es ist technisches Bodenpersonal. Das tiefe Rumpeln setzte sich fort, gab ein größer werdendes hohes schwarzes Rechteck des Halleninneren frei. Gleich darauf verstummte das Geräusch, und die Tür stand offen.

In der Nähe sang ein Vogel, vier abrupte Töne an die Sonne, ein Lied, das ich nicht kannte.

Dann wurde aus dem Innern des Hangars ein Flugzeug, ein kleiner offener Doppeldecker, langsam ins Freie gezogen. Silbern die Flügel, die Farbe von Metallspänen, die von der Drehbank fallen. Der Rumpf ein stumpfes Minzgrün, Höhen- und Seitenruder wiederum silbern. An den Tragflügelenden zog je ein Monteur, ein dritter schob hin-

47

ten ein fahrbahres Gestell, auf dem die Heckflosse auflag.

Der Wind trug ihre Stimmen herüber, aber aus der Ferne verschwommen die Töne miteinander, so dass ich kein Wort verstehen konnte.

Flugplätze kenne und liebe ich, auf Flugplätzen habe ich mich immer heimisch gefühlt, an welchem Ort der Erde sie auch sein mochten. Ohne mir also Gedanken zu machen, begann ich den Weg entlang auf den Hangar zuzugehen.

Es ist keine Thomas-Morse Scout, dachte ich. Ist es eine Avro 504? Eine Maschine, die ich nie mit eigenen Augen gesehen habe, die ich nur von Bildern kenne. Bin ich in England?

Eine sanft gewellte Hügellandschaft, eine Meile im Quadrat ebene Rasenfläche rund um den Hangar. Keine Start- und Landebahnen, keine Anrollbahnen. Man würde nicht von einem Flugplatz sprechen. Ein Aerodrom.

Der Weg beschrieb eine Biegung nach links, dann wieder nach rechts. Eine Zeit lang verdeckte eine Hecke am Wegrand den Blick

Auf den Flügeln der Träume

auf den Hangar. Dass mir die Sicht darauf versperrt war, machte mich nervös, als würde ich, wenn ich diesen Kompass aus den Augen verlor, in tiefe Dunkelheit gestürzt.

Aber nach ein paar Minuten wich die Hecke einem Streifen ordentlich gepflanzter Blumen, Schlüsselblumen. Primeln würden sie hier vielleicht sagen.

Mittlerweile ragte der Hangar zu meiner Linken zu imposanter Höhe auf. Davor stand ein Gebäude aus Holz und Mauerwerk; auf dessen linker Seite schloss sich ein Parkplatz an. Dort blieb ich wieder stehen. Auf dem kiesbestreuten Platz waren sieben Motorfahrzeuge abgestellt. Kein Einziges davon war mir bekannt. Die meisten klein, andeutungsweise quadratisch, stumpfes und glänzendes Metall. Für Automobile konnte ich mich noch nie begeistern, ich wünschte, ich könnte sie besser beschreiben. Aber selbst ich erkannte, aus welcher Zeit sie stammten ... aus der Zeit nach 1910 und vor 1930. Ein klappriges Motorrad oder eher ein Moped, olivgrün lackiert, balancierte auf einem dünnen Klappständer.

Der Weg führte um den Parkplatz herum,

wurde zu einem kopfsteingepflasterten Gehsteig, wurde zu einer kurzen Holztreppe, führte als überdachte Passage zu einem Gebäude, das groß und massiv an den Hangar grenzte. Ein geschnitztes Holzschild an der Treppe zur Passage, die ersten Worte, die ich hier an diesem Ort zu sehen bekam:

SAUNDERS-VIXEN AIRCRAFT COMPANY LTD.

Fünf

Auf den Flügeln der Träume

Am Fuß der Treppe blieb ich, die Hand auf dem Geländer, stehen. Ich wusste, dass mein Körper traumversunken auf der Wiese lag, tief atmend unter Sternen. Ich wusste, dass ich jederzeit aufwachen konnte, wenn ich es wollte. Ich wusste, dass alles, was ich sah, meiner eigenen Fantasie entsprang. Aber die Redewendung »Nichts als Fantasie« hatte ich schon lange in den Abfall befördert. Überzeugt, dass alles in der dinglichen Welt Fantasie ist, die sich den Anschein des real Greifbaren gibt, war ich keineswegs gewillt, aus diesem Ort zu erwachen oder ihn auch nur gering zu schätzen.

Er ist so wirklich oder unwirklich wie die Welt, die ich bei wachem Bewusstsein erlebe, dachte ich. Alles, was ich wissen muss, ist: Wo bin ich, und was hat dieser Ort zu bedeuten?

Richard Bach

Die Tür unter dem *SAUNDERS-VIXEN*-Schild am Ende der holzüberdachten Passage ging auf, und ein junger Mann erschien, eine Rolle Pelürepapier unter dem Arm. Ich wusste, dass er mich nicht sehen konnte, gehörte ich doch nicht in seine Zeit. Ich sah diesen Ort in meiner Vorstellung, ohne in irgendeiner Weise Einfluss darauf nehmen zu können.

Ich betrachtete ihn, während er näher kam. Er trug einen Tweedanzug, Fischgrät in gedecktem Beige, weißer Hemdkragen, dunkle Krawatte am Hals mit einer Art Spange aus Golddraht, um die Kragenspitzen zu fixieren. Auf seinem Jackenärmel war ein Fleck, der aussah wie von Motorenöl.

Blond, gut gelaunt, einen Moment lang leise vor sich hin pfeifend, trug er die gewissenhafte Miene eines gelehrigen Studenten zur Schau. Ohne mich vom Fleck zu rühren, nahm ich aufmerksam jedes Detail in mir auf. In seiner Brusttasche zwei Bleistifte und ein Füllfederhalter. Zu jung, um zur Geschäftsleitung zu gehören, war er, wie ich vermutete, vielleicht ein Konstrukteur, irgendeine Art Ingenieur? An der Treppe angelangt, zögerte er, fast, als würde er mich sehen, als würde er meine Anwesenheit spüren.

Ein Intellektueller oder so etwas, mutmaßte ich, er scheint nicht viel Zeit im Freien zu verbringen. Eine etwas wirre, nicht ganz geordnete innere Ausstrahlung.

Anstatt durch mich hindurch zu gehen, blieb er stehen und sah mir direkt ins Gesicht.

»Guten Morgen«, sagte er. »Entschuldigen Sie bitte?«

Ich fuhr zusammen. »Meinen Sie mich?«

»Ja. Würden Sie mich durchlassen?«

»Natürlich! Selbstverständlich«, entgegnete ich. »Auf jeden Fall. Verzeihen Sie ...«

»Vielen Dank.«

Die Rolle Pelürepapier streifte raschelnd meinen Pullover.

Einen Augenblick später, während ich mich noch von meinem Schreck erholte, sprang mit einem Tritt und einem Knall das Motorrad hinter mir an, und als ich mich umdrehte, streifte der junge Mann gerade eine Schutzbrille über den Kopf. Keinen Helm, nur die altmodische Motorradbrille. Der Motor knatterte vor sich hin und stieß in unregelmäßiger Folge blaue Abgaswolken aus.

Einen Moment lang sah er mich, mehr auf die Motorengeräusche als auf mich konzentriert, geistesabwesend an, dann nickte er und bog mit einem letzten Winken und aufheulendem Motor auf den Weg zur Straße ein. Kurz darauf schluckte das Strauchwerk das Brummen des Motors, und alles war wieder still.

Saunders-Vixen, dachte ich. Von einem Flugzeugbauunternehmen dieses Namens habe ich noch nie etwas gehört, doch hier ist es also.

Ich stieg die Treppe hinauf und lauschte auf den Klang: Schuhe auf Holz. Weder geisterhaft noch unsichtbar.

Hinter der Tür ein Bürovorzimmer, eine niedrige Empfangstheke, ein Schreibtisch aus dunklem Holz, eine Empfangsdame, die an einem Aktenschrank aus Eichenholz stand und sich bei meinem Eintreten umdrehte.

»Guten Morgen, Sir«, sagte sie. »Willkommen bei Saunders-Vixen.«

Sie war ähnlich gekleidet wie die Frau von meinem medialen Zustelldienst. Langer dunkler Rock, weiße Bluse mit vielen kleinen Knöpfen und ebenso vielen schmalen Paspeln, am Halsausschnitt eine kleine Korallenkamee. Dunkelblondes Haar, am Hinterkopf straff zum Knoten gebunden.

»Guten Morgen«, lächelte ich. »Sie haben mich erwartet? Sie wissen, wer ich bin?«

»Lassen Sie mich raten«, sagte sie mit gespieltem feierlichem Ernst. »Sie sind Flugzeugkonstrukteur? Es hat lange gedauert, bis Sie uns gefunden haben? Jetzt ist es Ihnen gelungen? Sie möchten das Unternehmen besichtigen?«

Ich musste lachen. »Ich bin nicht der Erste?«

Sie drückte auf einen Knopf. »Mr. Derek Hawthorne«, sagte sie, »in der Empfangszentrale wartet ein Besucher auf Sie.«

Dann hob sie den Kopf. »Ganz und gar nicht der Erste, Sir. Es ist zwar schwer, uns zu finden, aber es ist nicht unmöglich.«

Von draußen hörte man das gedämpfte luftige Geräusch eines Motors, der mit Vollgas ansprang, dann Stille, dann wieder Vollgas. Ein Umlaufmotor, das konnte ich hören. Sie hatten die Avro angeworfen. Welches Jahr mochte es wohl sein ... 1918?

Hinter dem Schreibtisch wurde eine Tür

geöffnet, und ein junger Mann trat ein. Dunkles Haar, das breite, offene Gesicht eines Mannes, der nichts zu verbergen hat. Er trug Tweedhosen, einen weißen Seidenschal, eine Fliegerjacke aus Leder, und er sah, dass ich auf das Motorengeräusch lauschte. »Das ist die Morton, die gerade gestartet wird. Alte Maschine. Entweder man wirft sie mit Vollgas an, oder sie geht aus.«

Er hatte einen festen Händedruck. Jahrelange Arbeit als Flugzeugmonteur, dachte ich. »Richard Bach«, stellte ich mich vor.

»Derek Hawthorne von Saunders-Vixen Limited, zu Ihren Diensten. Waren Sie schon einmal bei uns?« Er warf der Empfangsdame einen Blick zu, die den Kopf schüttelte, ein stummes Nein.

»Sie befinden sich natürlich in der Parallelzeit 1923.« Er wusste, dass ich den Sinn seiner Worte nicht erfassen würde, sah meine Frage. »Nicht Ihre Vergangenheit, sondern eine Zeit, die parallel zu der Ihren verläuft. Klingt kompliziert, ist es aber in Wirklichkeit gar nicht.«

Derek Hawthorne nahm eine Lederjacke von einem Haken neben der Tür und hielt sie mir hin. »Ich nehme an, Sie werden sie brauchen. Es ist noch ein bisschen kühl.«

In der Fantasie, dachte ich, kann alles passieren. Allerdings war es das erste Mal, dass meine Fantasie auch mich selbst erzeugte.

Ich nahm die Jacke und las das im Kragenband eingenähte Schildchen, auf dem in Goldbuchstaben stand: *Diese Jacke wird in dankbarer Erinnerung an das freundliche Tier getragen, das sein irdisches Leben geopfert hat, um einen Flieger vor Wind und Kälte zu schützen.*

Ich sah ihn an. Er nickte wortlos.

Kein Lächeln, nur ein stiller Dank an ein unbekanntes Rind. Ich zog die Jacke an.

Hawthorne öffnete die Tür, die vom Empfangszimmer durch einen langen Korridor zum Hangar führte, einen Korridor mit dunkler Holztäfelung, an der überall Flugzeugbilder prangten. »Sie werden sich unsere Maschinen ansehen wollen, möchte ich wetten.«

»Das würde ich gern. Aber eine Frage noch?«

»Selbstverständlich. Wir mögen auf den ersten Blick etwas geheimnisvoll wirken. Aber das sind wir gar nicht.«

Im Korridor passierten wir eine Reihe von Türen: Verkauf, Vertrieb, Buchhaltung, Motoren und Systeme, Flugwerkplanung, CAD. In dem Augenblick, als wir an dieser letzten Tür vorbeigingen, öffnete sie sich plötzlich, und da, aufblickend, den Stift im Haar, die Augen dunkel wie die Nacht, war das Gesicht, das mir aus einer anderen Zeit entgegengesehen hatte. »Oh!«, sagte sie.

In dieser Sekunde verschwand die Welt.

Sechs

Auf den Flügeln der Träume

Als wäre ich von einem Dach gestürzt, so abrupt erwachte ich auf der Heuwiese, unter Sternen, die über der Tragfläche der Cub funkelten. Die Nacht war kalt wie Stahl.

»Hej!«, sagte ich, verstrickt in einen Kokon aus Frustration. »Ne!«

Ich griff nach Taschenlampe und Tagebuch, schüttelte die Kälte ab und schrieb auf, was ich gesehen und gehört hatte: der Morgen in England, die Hangars der Saunders-Vixen Aircraft Company, der Parkplatz, das Bürogebäude, Schreibtisch, Empfangstheke, Empfangsdame, Derek Hawthorne, bis ins kleinste Detail. Das Gesicht, das die Welt weggepustet hatte.

Zitternd streckte ich die Hand aus dem Schlafsack, nahm die Motorabdeckung der Cub und wickelte mich darin ein.

63

Es war eine köstliche Erinnerung, diese Zeit, dieses Gesicht, und ich sehnte mich rasend danach, wieder in meine Fantasie einzutauchen.

Aber obwohl mir allmählich wärmer wurde unter dem Motorschutz, konnte ich in meinem Kopf nichts als Fragen finden. Was ist Saunders-Vixen? Warum existiert so etwas? Was hat es mir zu sagen? Wer ist diese Frau? *Wie komme ich wieder dorthin?*

Fragen, die ganze Morgendämmerung hindurch. Keine Antworten.

Sieben

Auf den Flügeln der Träume

Er hatte es derart sachlich gesagt, dass ich so tat, als sei es eine Tatsache. Es gibt eine Dimension, die parallel zu der unseren verläuft und in der man irgendwie noch das Jahr 1923 schreibt.

In dieser Dimension gibt es Hangars und Büros, Motorräder und Automobile, Menschen, die ihren Lebensunterhalt mit Flugzeugen verdienen: die sie entwerfen, die sie bauen, dafür sorgen, dass sie fliegen, die sie verkaufen und sie warten. Sicher gibt es auch Bauernhöfe und Dörfer und Städte, aber konkret hatte meine Fantasie nur die Anlage der Saunders-Vixen Aircraft Company, Ltd., und die Leute, die dort arbeiteten, entstehen lassen.

Ein paar Unterschiede waren mir aufgefallen. Beispielsweise waren die Frauen eher wie bei uns um 1890 gekleidet als nach der Mode von 1920. Andererseits waren sie, wie sie so wissend und mit stiller Genugtuung kundtaten, dass sie in einer Parallelwelt zu der unseren lebten, wesentlich moderner, als ich es bei einer solchen Vorstellung sein würde.

Das Schreiben beendet, die Cub zurück im Hangar, prasselnder Regen auf dem Dach, starrte ich aus der Geborgenheit meines Sofas, einem Platz, von dem ich mich seit Stunden nicht mehr weggerührt hatte, wieder in die Flammen.

Keine Computer, da war ich mir sicher. Und doch hatte auf der Tür, aus der sie getreten war, CAD gestanden, in schwarzen Buchstaben auf geriffeltem Glas. Rätselhaft.

Wir mussten aufhören, uns so zu begegnen, lächelte ich, sie erschrocken unter meinem Blick, bevor sie noch wusste, dass ich sie ansah.

Die Worte hallten in meinem Kopf wider: »Es ist zwar schwer, uns zu finden, aber es ist nicht unmöglich.«

Andere waren vor mir da gewesen. So viele andere, dass man uns dort als Kunden be-

Auf den Flügeln der Träume

zeichnete und weder erstaunt noch erschrocken war, wenn wir im Büro auftauchten.

Kunden? Käufer? Sie hatte mich für einen Flugzeugkonstrukteur gehalten. Aber warum sollte ein Flugzeugbauunternehmen in einer parallelen Zeit Konstrukteure unserer Tage als Kunden haben?

Ich blickte mit zusammengekniffenen Augen ins Feuer. Mach es nicht kompliziert, Richard. Einfache Logik.

Weil man dort irgendeine Dienstleistung für Flugzeugkonstrukteure anbot.

Welche Dienstleistung konnte das sein? Das Feuer brannte allmählich herunter. Welche Dienstleistung hatte Saunders-Vixen für mich erbracht?

Ich hielt den Atem an. Natürlich, die Entwürfe! Jedes Mal, wenn ich mit einem technischen Problem der Cub nicht weiterkam – die Türverriegelung, die Tankdeckelsicherung –, wachte ich am Morgen auf und hatte die fertige Lösung parat!

Saunders-Vixens Branche ist ... ja, was eigentlich? Mediale Kommunikation? Intuitionsverstärkung? Durchbrüche? Saunders-Vixen liefert unerwartete Durchbrüche an

69

Flugzeugkonstrukteure, die sich an einem Problem festgebissen haben? Sie haben ein ganzes Unternehmen in einer anderen Zeit aufgebaut, um mir gratis zu einer Türverriegelung zu verhelfen?

Irgendwie klang das nicht wirklich einleuchtend für mich, und schließlich gab ich auf. Was spielte es schon für eine Rolle? Interessant war jetzt nur, dorthin zurückzukehren, herauszufinden, worum es sich bei der Firma wohl handeln mochte, und vielleicht den Geist hinter dem Gesicht kennen zu lernen, das mich so in seinen Bann gezogen hatte, die Frau in der CAD-Abteilung.

Schwer zu finden, aber nicht unmöglich. Das Feuer fiel allmählich zu Kohlenglut zu-

sammen. Bei manchen Gelegenheiten im Leben stelle ich erstaunt fest, wie wichtig es für uns ist, die Dinge nicht allzu kompliziert zu machen.

Richard, dachte ich, wie man sich in Gedanken an einen Sechsjährigen wendet, wie hast du den Ort das letzte Mal gefunden?

Na ja, ich habe mich unter die Tragfläche der Cub gelegt und mir vorgestellt, ich ließe mich in eine andere Zeit treiben …

Und wie, dachte ich geduldig, glaubst du nun, findest du wieder dorthin?

Indem ich mich unter die Tragfläche lege …

In aller Seelenruhe: Brauchst du dafür die Cub? Muss die Tragfläche tatsächlich vorhanden sein?

Indem ich es mir ganz bequem mache, dachte ich, indem ich die Augen schließe und mir vorstelle … Es kamen keine weiteren Denkanstöße von dem Erwachsenen in meinem Innern.

Ich legte mich bequem auf der Couch zurück. Ein langer, tiefer Atemzug, um meinen Körper zu entspannen. Ein langer, tiefer Atemzug, um meinen Geist zu entspannen, alle Gedanken von der Leinwand zu wischen.

Ein langer, tiefer Atemzug, um mir in Erinnerung zu rufen, wo ich gewesen war ... Das Kaminfeuer verschwand.

»Hallo, sind Sie noch bei uns?« Derek Hawthorne griff stützend nach meiner Schulter. »Sie flackern ein bisschen.«

Ich schüttelte den Kopf. »Es geht schon, danke«, sagte ich. »Mir geht es gut.«

Die Frau sah mich mitfühlend an, diese dunklen Augen. »Es wird immer leichter, je mehr man übt«, sagte sie.

Hawthornes Blick wanderte von ihr zu mir. »Miss Bristol, gestatten Sie, dass ich Sie mit Mr. Richard Bach bekannt mache.«

»Laura«, sagte sie und streckte mir die Hand entgegen.

Hawthorne blieb vor Schreck über diese formlose Begrüßung fast der Mund offen stehen.

»Wir sind uns schon begegnet«, fügte sie, mit einem Lächeln für seine Verwunderung, hinzu.

»So ist es«, sagte ich.

Sie war groß, ihr Kopf reichte mir bis an

die Schulter, ihr Gesicht aufwärts gerichtet, das Lächeln. Sie machte nicht annähernd einen so geschäftsmäßigen Eindruck wie in jener Sekunde, in der wir uns schon einmal begegnet waren.

»Ihr Türriegel«, sagte sie. »Funktioniert er?«

»Ja! Er funktioniert einwandfrei.«

»Sie werden sicher keine Loopings bei geöffneter Tür machen«, bemerkte sie. »Bei hoher Geschwindigkeit könnte der Wind den Fensterrahmen verbiegen.«

»Aber die Verriegelung wird halten, oder nicht?«

Sie sah mich mit ruhiger Miene an. »Der Riegel wird halten.«

Hawthorne räusperte sich. »Ich war im Begriff, unserem Gast das Werk zu zeigen...« Soweit ich es beurteilen konnte, war er immer noch wie vom Donner gerührt über die Vertraulichkeit, die Miss Bristol mir mit der Nennung ihres Vornamens gewährt hatte.

Ich sehnte mich danach, diesen Augenblick in die Länge zu ziehen. »Warum Leder für die Tankdeckelsicherung? Haben Sie den Entwurf gemacht?«

»Wenn Sie es einen Entwurf nennen wollen«, entgegnete sie. »Ich habe Leder vorgeschlagen, weil es einfacher zu handhaben ist. Es ist billiger als Stahldraht, hat keine Ermüdungsgrenzen, es kann überall unterwegs ausgetauscht werden, man braucht kein Spezialwerkzeug, um es anzubringen, es entstehen keine scharfen Rissstellen, wenn es abgenutzt ist. Es schien mir die einfachste und wahrscheinlich praktischste Lösung für Ihr Problem.« Sie schwieg einen Moment. »Natürlich ...«

»Natürlich was, Miss Bristol?«, fragte ich.

Sie runzelte ein wenig verwundert die Stirn. »Natürlich könnten Sie auch den Tankdeckel festschrauben, bevor Sie losfliegen.«

»Wenn es einmal passiert ist«, erklärte ich, »wird es auch ein zweites Mal passieren. Ich werde die Tankdeckelsicherung da lassen, wo sie ist, vielen Dank.«

»Keine Ursache.« Wieder dieses Lächeln, Freude darüber, dass mir ihre Konstruktion gefiel. Sie beugte sich zu mir, ihre Stimme fast ein Flüstern. »Ich glaube, Mr. Hawthorne möchte Ihnen die Firma zeigen.«

»Ich möchte sie mir gern ansehen«, bestätigte ich. »Erzählen Sie mir irgendwann einmal etwas über CAD?«

»Es wäre mir ein Vergnügen.« Sie nickte meinem Begleiter zu. »Guten Tag, Mr. Hawthorne.« Damit machte sie auf dem Absatz kehrt und ließ uns im Korridor stehen.

Wir schwiegen lange, während wir ihr nachblicken.

»Nun ja«, sagte der junge Mann schließlich. »Als Erstes, Mr. Bach, möchten Sie sich vermutlich den Hangar ansehen.«

»Nennen Sie mich einfach Richard«, sagte ich.

Acht

Auf den Flügeln der Träume

Lang ausgestreckt, vollkommen entspannt auf dem Sofa vor dem Kaminfeuer liegend, wusste ich, dass ich aufwachen konnte, wann immer ich wollte. Aber ich wollte so viel wie möglich über diesen merkwürdigen Ort in Erfahrung bringen. Ob er nur in meiner Fantasie da war oder nur durch meine Fantasie erreichbar war, ob er objektiv oder subjektiv existierte, spielte keine Rolle für mich. Saunders-Vixen war so real, so rätselhaft, die Leute dort ließen mich so tief in neue Ideen und süße Geheimnisse eintauchen, dass die physischen Umstände der Begegnung völlig nebensächlich waren.

Der Haupthangar am Ende des langen, holzgetäfelten Korridors war erfüllt vom rhythmischen Lärm der Maschinen: dem Kreischen und Klappern von Stahlröhren, dem Surren von Bandsägen hier, dem Schnauben und Knacken von Rippenstichnadeln da. Am Anfang waren die Flugzeuge Skelette, die allmählich Form annahmen, je weiter Derek Hawthorne mich die Produktionslinie entlangführte. Es waren *Tiger Moths* von de Havilland.

Schon bald war mir klar, dass die Saunders-Vixen Aircraft Company, Ltd., kein Unternehmen ist, das ratlose Konstrukteure aus einer anderen Zeit mit Ideen beliefert. Das ist zwar durchaus eine der Dienstleistungen, die es anbietet, aber vor allem beschäftigt sich die Firma damit, Flugzeuge zu bauen und in ihrer eigenen Zeit zu vermarkten.

»Das ist unsere A-Linie«, erklärte Hawthorne. »Wir bauen das *Kitten*-Schulflugzeug, wie Sie sehen, die SV-6 F. Dies hier sind natürlich Einspannvorrichtungen für den Rumpf, und weiter unten, wenn Sie zum anderen Ende der Montagelinie blicken, sehen Sie dort bei dem großen Schild, in der Abteilung E, die Produktionsetappe, in der die Tragflächen hinzukommen.

Wir bauen hier in Duxford auch das *Arrow*-Postflugzeug, die SV-15, und die 21C

Empress, unser zweimotoriges Passagierflugzeug. Für sie gibt es eine eigene Montagehalle.«

»Sind es ausschließlich Doppeldecker?«

»Natürlich. Wenn Sie etwas Kraftvolles, etwas Verlässliches haben wollen, brauchen Sie einen Doppeldecker. Das ist zumindest meine Meinung.«

Ich konnte zusehen, wie die Flugzeuge Gestalt annahmen, je weiter wir kamen. Dann schoss mir plötzlich ein Gedanke durch den Kopf.

»Sie nennen sie *Kitten*?«

Er nickte feierlich. »Die SV-6 F. Ja. Warten Sie, bis Sie mal in einer sitzen und einen kleinen Rundflug damit machen. Es ist eine wunderbare kleine Maschine.«

»Aber es sind doch *Tiger Moths*, oder nicht? Von de Havilland gebaut?«

Er hatte mich nicht gehört. »Sie werden bemerkt haben, dass wir den Mittelteil ein Stück nach vorn verschoben haben, damit das Ein- und Aussteigen für den Fluglehrer weniger umständlich ist. So erhalten wir überdies unseren schönen Pfeilflügel, und der Druckmittelpunkt bleibt da, wo er hingehört...«

81

»Aber das hier sind *Tiger Moths*, oder nicht, Derek? Keine *Kittens*.«

»Wie immer Mr. de Havilland sie in Ihrer Zeit zu nennen beliebte. Das steht ihm frei. Er ist natürlich Kunde bei uns, ein ziemlich kluger Kopf übrigens.«

»Wollen Sie mir sagen, dass Geoffrey de Havilland? Das Design? Ihres Flugzeugs? Plagiiert? Und als sein eigenes ausgegeben hat?«

Hawthorne runzelte die Stirn. »Ganz und gar nicht. Ein Konstrukteur schlägt sich bis an den Rand der Erschöpfung mit einem Problem herum. Er döst. Er träumt vor sich hin. Er schläft ein. Und plötzlich hat er die Lösung! Er kritzelt sie auf einen Umschlag, auf einen Fetzen Papier, der gerade zur Hand ist, und schon hat er das Problem gelöst! Was glauben Sie denn, woher die Lösungen kommen?«

Meine Stimme stolperte über mein eigenes Wort. »Hier?«

»Die besten Konstrukteure sind diejenigen, die wissen, wann sie aufhören müssen zu grübeln, die es verstehen, sich im richtigen Moment zurückzulehnen und einem neuen

Entwurf ihre Hand zu überlassen, so dass er sich selbst zu Papier bringen kann.«

»Und die Entwürfe kommen von hier?«

»Von der CAD, ja.«

»Von der ...?«

»Der *Crosstime Assistance Division*, der Abteilung für zeitübergreifende Hilfe der Saunders-Vixen Aircraft Company, Limited. Wir sind stets gern zu Diensten.« Er stieß mich an der Schulter an und deutete auf die Tragflächen, die von einem Monteur in weißem Overall, das Firmenemblem in schwarzen Buchstaben aufgestickt, auf einem Fahrgestell vorbeigeschoben wurden.

»Sehen Sie hier. Wir nennen sie ›Lamellen‹. Bei niedriger Geschwindigkeit öffnen sich die Lamellen, so dass der Luftstrom dahinterschlüpft und über die Flügeloberseite hinweggleitet und den Flügelenden, anstatt sie herunterzudrücken, mehr Auftrieb gibt. Ganz schön clever, finden Sie nicht?«

Mich ließ ein anderer Gedanke nicht los. »Sind die Flugzeuge Ihre Konstruktionsidee oder seine?«

Er wandte sich mir zu und erklärte mit ernster Miene: »Die Konstruktionsidee existiert,

Richard Bach

Richard, die Möglichkeit genau dieser Kombination von Teilen in genau dieser Anordnung zueinander, der Entwurf dieses Flugzeugs also existierte bereits in dem Moment, als das Raum-Zeit-Kontinuum geboren wurde. Wer immer die ersten Pläne zeichnet, gibt ihnen den Namen, der ihm dafür einfällt. Jede Welt hat ihre eigenen Gesetze und ihre eigenen Vorstellungen davon, was wem gehört, und sie unterscheiden sich fast immer voneinander.«

Er runzelte die Stirn, konzentrierte sich. »Wir nennen die Maschine *Kitten*, und in unserer Welt ist sie eine Saunders-Vixen SV 6 F, ordnungsgemäß patentiert und gesetzlich geschützt. Geoffrey de Havilland nennt sie in seiner Zeit, also in der Zeit, die Sie als Ihre Vergangenheit bezeichnen, *Tiger Moth*, patentiert im Namen der de Havilland Aircraft Company. Geneviève de la Roche nennt sie in ihrer Zeit *Papillon*, registriert unter dem Markennamen Avions la Roche. Sie verstehen, nicht wahr? Es geht endlos so weiter.«

Hawthorne gingen die Worte aus. Er befürchtete, wie mir schien, dass ich ihm irgendwie immer noch nicht folgen konnte.

Auf den Flügeln der Träume

»Der Konstruktionsidee ist es egal, verstehen Sie?«, fuhr er fort. »Die Idee ist das unsichtbare Gerüst für einen großartigen Vogel, war dies zu allen Zeiten und wird es immer sein, gleichgültig, ob sie jemand entdeckt oder nicht. Und er fliegt wie ein Fuchs!« Er lächelte. »Wie wir hier zu sagen pflegen.«

»Sie machen das sehr gut, Derek«, sagte ich. »Und irgendwann in nicht allzu ferner Zukunft hoffe ich zu verstehen, wovon Sie eigentlich reden.«

Er sah mich einen Moment lang an, Besorgnis in seinen blauen Augen. Ein flüchtiges Lächeln. »Das hoffe ich auch.«

Gegen Ende der Produktionslinie kamen die Teile in den Regenbogenfarben der ver-

Richard Bach

schiedenen Kundenwünsche zur Montage zusammen. Firmenlogos auf den einen, die Namen von Piloten oder Besitzern auf anderen, eine Reihe von Schulflugzeugen mit aufeinander folgenden Buchstaben des Alphabets in großen, fetten Lettern, J. K. L., auf den Rudern.

Draußen das Geräusch startender Motoren, die erst auf Touren kamen und dann leise im Leerlauf vor sich hin schnurrten.

Was muss das für ein Gefühl sein, dachte ich, eines Tages in die Fabrik zu kommen und seinen eigenen, funkelnagelneuen Doppeldecker aus Holz und Stoff in Empfang zu nehmen.

»Die Motoren sind vermutlich keine Rolls-Royce Gipsy Majors?«

»Was würden Sie denken?«

»Nein.«

»Wir verwenden den Trevayne Mark 2 *Circe*.«

»Und ich würde ihn sicher Gipsy Major nennen.«

»Wahrscheinlich«, erklärte er feierlich.

Wir unterhielten uns weiter über Flugzeuge und blieben hin und wieder stehen, wenn er mich auf ein besonders raffiniertes Detail an einer Maschine aufmerksam machen wollte, weil er meinte, ich hätte es vielleicht nicht bemerkt.

Ihm war offenbar nicht bewusst, dass ich mich mindestens ebenso brennend für seine Zeit wie für seine Flugzeuge interessierte.

»Aber Sie schreiben hier doch gar nicht 1923, habe ich Recht?«

Erstaunt legte er den Kopf schief. »Natürlich ist es 1923. Für uns. Es ist unser 1923.«

»Die Tiger Moth wurde erst 1930-irgendwas erfunden. Jedenfalls Anfang der Dreißiger.«

»Seien Sie so gut und sagen Sie *entdeckt*. *Erfunden*, na ja, das klingt irgendwie so ... Besitz ergreifend. Die Konstruktionsidee war schon immer da.«

»Die Tiger Moth wurde erst irgendwann Anfang der Dreißiger entdeckt, Derek. Was hat sie im Jahr 1923 zu suchen? Ihr 1923 ist anders als meins – ich wette, das werden Sie jetzt sagen.«

»Richtig«, sagte er.

»Bei Ihnen gab es, glaube ich, einen Krieg«, fuhr er fort. »Sie nennen ihn den Ers-

Richard Bach

ten Weltkrieg? Nun ja, wir hatten keinen. Ziemlich viele von uns hatten ihn kommen sehen und wollten nichts damit zu tun haben. Eine solche Verschwendung.«

Als er das sagte, klang seine Stimme nicht traurig, und mir wurde bewusst, dass er auch keinen Anlass hatte, traurig zu sein. Er kannte das Gesicht der Zerstörung nicht.

»Wir kehrten dem Krieg den Rücken und spalteten uns in eine andere Zeit ab, in der wir uns auf das konzentrieren konnten, was wir gern tun. Und in unserem Fall, das heißt natürlich, im Fall von Saunders-Vixen, war das die Entdeckung von Flugzeugkonstruktionen. Daher haben wir einige Modelle früher gehabt als Sie, denn wir mussten uns schließlich nicht zwischendurch mit Kampfflugzeugen aufhalten. Unsere Konstrukteure wurden nicht an der Front getötet und all dieser Unsinn.«

»Sie spalteten sich in eine andere Zeit ab?«

»Natürlich. Es passiert ständig, dass Leute beschließen, ihre Zukunft zu ändern. Sie haben, ich glaube, in Ihrem Jahr 1963, beschlossen, keinen Atomkrieg zu führen. Sie waren nahe dran, entschieden sich aber dagegen. Nicht wenige trafen eine andere Entscheidung, weil sie der Meinung waren, ein Krieg käme ihnen genau recht. Verschiedene Zeiten: auseinander laufend, zusammenlaufend, parallel. Unsere verlaufen parallel.«

»Und darum kann ich Sie besuchen?«

»Nein. Sie können uns besuchen, weil Sie dieselbe Leidenschaft haben wie wir. Ihnen macht es Spaß, in einem erstklassigen Doppeldecker herumzufliegen. Uns macht es Spaß, sie zu bauen.«

»So einfach ist das also.«

»Beinahe«, erwiderte er. »Und wir sind sicher.«

»Sie sind sicher.«

»So ist es«, sagte er. Ganz am Ende des Montagebandes blieb er vor dem Tragflügel einer butterblumengelben Kitten stehen, wischte ein unsichtbares Staubkorn von dem britischen Emblem, das auf den Rumpf gemalt war. »Sie fühlen sich zu uns hingezogen, weil wir Ihrer eigenen Vergangenheit so ähnlich sind, dass wir Ihnen nicht fremd vorkommen. Keine Frage, wie es hier weitergehen wird. Diese Welt wird nicht so bald in

Richard Bach

Flammen aufgehen. Sie können sich darauf verlassen, dass es in der Zeit von Saunders-Vixen überall im Land große Rasenaerodrome geben wird, Flugstaffeln, die über die Landschaft kreuzen, Passagiere für ein paar Schilling hierhin und dorthin befördern, Motoren und Maschinen, die so unkompliziert und ohne Schnickschnack sind, dass ein Pilot sie mit einem Satz Schraubenschlüsseln reparieren und dass er ein Loch mit einem Stück Stoff und Imprägnierlack flicken kann, und Ihr Examen in Elektronen- und Hochenergiephysik können Sie getrost zu Hause lassen.«

»Ich kann hier beim Fliegen nicht tödlich verunglücken?«

»Ich nehme schon an, dass es möglich wäre.« Das sagte er so, als hätte er noch nie an diese Möglichkeit gedacht. »Von Zeit zu Zeit gibt es einen Absturz. Aber es scheint niemand ernsthaft dabei zu Schaden zu kommen.« Seine Miene hellte sich sichtlich auf. »Wir halten das gern der soliden Qualität der von uns gebauten Maschinen zugute.«

Er ging durch eine Tür in der Hangarwand voraus, und einen Augenblick später standen

Auf den Flügeln der Träume

wir blinzelnd in hellem Sonnenschein. Der Anblick, der sich mir bot, brannte sich in mein Gedächtnis ein und rührte gleichzeitig etwas darin an, als wäre ich schon einmal hier gewesen.

Hinter der weißen Parkrampe aus Zement wucherte das Gras, schwappte grün wie ein Binnensee auf die versiegelte Fläche über. Es dehnte sich um uns herum zu einem weiten ländlichen Panorama, und in der Ferne stieg das Grün, von Äckern gefächert, mit Eichen blühend, in sanften Wellen an.

Es war ein Fliegerparadies. In allen Windrichtungen unter den Rädern nur weiches Gras für die Landung. Das war Geschichte vor der Erfindung der schmalen Seitenwindbahnen, eine Weide für das Auge und das Herz.

Auf der Parkrampe standen wohl an die zwanzig Kittens, meist Maschinen, die schon lange in Betrieb waren und zur Wartung hier standen, ein paar, die gerade vom Band gerollt waren und für einen ersten Testflug auf ihren Piloten warteten. Ein Fluglehrer und sein Schüler setzten sich in den beiden Cockpits einer Maschine zurecht, auf deren Rumpf in großen Lettern FLUGSCHULE SAUNDERS-

VIXEN stand, und einer der beiden reichte dem anderen eine zusammengefaltete Flugkarte. Am Ende der Reihe stand ein eleganter Kabinendoppeldecker, neben dem die Schulflugzeuge winzig aussahen; das musste die *Empress* sein.

Aber unmittelbar vor uns stand eine der neuesten Maschinen aus der Kitten-Produktion mit geöffneter Motorklappe, davor ein Mechaniker, der gerade den Vergaser eingestellt hatte und nun seinen Werkzeugkasten einräumte.

Den Morgen und den Augenblick in vollen Zügen genießend, wartete ich mit Hawthorne darauf, dass der Motor angeworfen wurde.

»Ein paar Umdrehungen?«, fragte der Pilot aus dem Cockpit.

Es war ein herrliches Flugzeug, zartweiß mit goldenen Sparren, die pfeilartig über die Oberflächen nach vorn verliefen. Auf dem hinteren Teil des Rumpfes die Kennung: G-EMLF.

»Acht Blatt durch«, verkündete der Mechaniker, während er den schwarzen Holzpropeller an einem Rotorblatt festhielt. »Schalter aus?«

Auf den Flügeln der Träume

»Schalter aus«, bestätigte der Pilot.

Er drehte den Propeller per Hand im Uhrzeigersinn.

»Unsere Motoren drehen sich für Ihre Verhältnisse in die falsche Richtung«, erklärte Hawthorne, so leise, dass es kaum mehr als ein Flüstern war, die Tatsache, die seinem Besucher merkwürdig vorkommen mochte. Gleich darauf berichtigte er sich. »Ich meine mit ›unsere‹ natürlich nicht die von Saunders-Vixen, sondern unsere britischen.«

Ich nickte und mochte den Mann für das, was er sagte. Es war ihm wichtig, die Dinge so genau zu erklären, wie es ihm möglich war.

»Wann immer Sie wollen«, sagte der Bodenmechaniker.

»Kontakt!« Wir hörten das metallische Klicken des Magnetschalters unter dem Handschuh des Piloten.

Der Mechaniker gab dem Propeller einen energischen Schwung zu einer ganzen Umdrehung, ein Zylinder stieß träge eine ölige Rauchwolke aus, noch eine, zwei geräuschlose Umdrehungen, dann knatterten drei Zylinder, und schließlich zündeten alle vier und

93

schossen blaugraue Abgase hinter sich in die Luft, wo sie vom wirbelnden Wind in Fetzen gerissen wurden.

Ich beobachtete den Piloten mit lederner Fliegerkappe, der dem Mechaniker zunickte, Daumen in die Höhe zum Dank für einen gelungenen Start, während das Donnergeprassel in leichten, gleichmäßigen Leerlauf überging, nur gelegentlich von einem Aussetzer des noch kalten Motors unterbrochen.

In diesem Augenblick wünschte ich mir, die Zeit könnte zu Kristall erstarren, wünschte mir, sie würde an diesem kühlen Morgen stehen bleiben, im weichen Motorbrummen, in der Verheißung des bevorstehenden Starts, des Fluges über die traumhafte Landschaft, der Rückkehr aus der Luft zur Erde, ein leises Flüstern im Gras.

Und gehorsam tat die Zeit genau das. Sie blieb nicht völlig stehen, aber sie bewegte sich, während ich mich an der Luft, den Farben, dem kleinen Flugzeug ergötzte, in Slow Motion. Ich betrachtete die große Propellerscheibe, flirrend weißer Sonnenblitz, hörte den Klang polierten Holzes im Widerstand

Auf den Flügeln der Träume

der kühlen Luft, vermischt mit dem trägen Knattern des Motors.

Das ist es, dachte ich. In dieser Sekunde erkannte ich das Magnetfeld des Fliegens. Der eine Pol, das sind stählerne Motoren und Tragflächen aus Tuch, Dinge zum Anfassen. Der andere, das sind Sein und Freiheit in den Lüften, der Lebenshauch in unserer Reichweite. In dieser Sekunde sah ich sie beide, spürte physisch, wie ihr Zauber an mir zog. *Komm*, flüsterten sie, *du kannst fliegen!*

Ich wollte für immer in diesem Bild bleiben.

Langsam also ging der Mechaniker nun zum Cockpit zurück, und zwei Köpfe beugten sich über das Armaturenbrett. Dann schwoll das Motorengeräusch allmählich an, Gashebel nach vorn, stemmte sich die kleine Kitten gegen die Bremsklötze unter den Rädern an, und das luftige Schwirren des Propellers kam nicht mehr an gegen die geballte Kraft eines zu drei Vierteln aufgedrehten Motors.

Einen langen Augenblick hielt er diese Kraft, der weiße Overall des Mechanikers blähte sich in heftigen Windböen, so dass der schwarze SAUNDERS-VIXEN-Schriftzug zwischen seinen Schulterblättern flatternd verschwamm.

Schließlich nickte der Mechaniker, und der Motor fiel in den Leerlauf zurück, die vier Zylinder waren jetzt warm und hellwach, kein Aussetzer mehr.

Nach einer Minute wurde der Motor unvermittelt ausgeschaltet, und nur der Propeller drehte sich noch lange Sekunden allein vor sich hin, während das gedämpfte metallische Scheppern geschmierter Verbindungsgestänge im Motor langsamer wurde und schließlich ganz verklang.

Die Pilotin nahm schwungvoll ihren Helm ab, um die Worte des Mechanikers besser verstehen zu können. Dunkles Haar umfloss ihre Schultern, als sie ihn besorgt um sein Urteil bat.

Ich blinzelte, so unerwartet war der Anblick. »Wir sind hier nicht im Himmel, Hawthorne, oder?«

»Nicht weit davon entfernt«, antwortete er, »wenn man Flugzeuge liebt.«

Wir traten an das weiß-goldene Schulflugzeug heran.

Auf den Flügeln der Träume

»Wie viele Leute aus meiner Zeit, aus anderen Zeiten, besuchen Sie hier?«

Er blickte einen Moment lang nach oben, überlegte. »Es sind tatsächlich nicht wenige. Diejenigen, die Spaß an ihren Fantasien haben, die gern spielen, schaffen den Übergang ziemlich gut. Es wird natürlich, wie Sie ja wissen, mit jedem Mal leichter.«

»Sind alle diese Leute Flieger?«

»Die meisten. Wie nicht anders zu erwarten. Duxford ist eine Fliegerstadt, das ist ja klar, schließlich liegen Saunders-Vixen und das Aerodrom direkt vor der Haustür. Wer das Meer liebt, würde sich wahrscheinlich eher in Portsmouth, Kopenhagen oder Marseille blicken lassen.« Er zuckte die Schultern. »Es ist ja nicht so, dass man ein Passwort braucht. Jeder kann kommen, dem es hier gefällt. Manche entschließen sich, hier zu bleiben ...« Er ließ den Satz ausklingen.

»Wenn es zu Hause zu schwierig wird?«

»Das würde ich nicht sagen. Nach einer Weile gefällt es ihnen hier besser. Wahrscheinlich liegt es am Klima.«

Ich warf ihm einen prüfenden Blick zu, sah sein Lächeln.

»Kommen Sie jemals in unsere Zeit, Derek?«

Er lachte. »Nie. Wahrscheinlich bin ich zu sehr ein Gemütsmensch für Ihre hektische Welt.«

Anstatt die Unterhaltung an der warmen Kitten zu unterbrechen, kehrte er zum Hangar zurück und ging am Montageband vorbei, wo uns niemand eines Blickes würdigte. »Wir haben unseren Rundgang gerade erst begonnen«, sagte er. »Es gibt mehr Abteilungen in der Firma, als Sie sich vorstellen können. Ich selbst bin auch noch dabei, sie zu erforschen.«

»Sie sind noch dabei, sie zu erforschen?«

»In erster Linie bauen wir Flugzeuge, aber wir sind auch ein beachtliches Dienstleistungsunternehmen.«

Es folgte ein langes Schweigen, während ich wartete, dass er fortfuhr.

»... auch ein Dienstleistungsunternehmen ...«, hakte ich nach.

»Wir lösen Probleme.«

»Flugzeugkonstruktionsprobleme.«

»Ja, aber nicht nur. Auch andere Probleme.«

Nach einer kurzen Pause sagte ich: »Und ich werde Ihnen die Informationen aus der Nase ziehen müssen.«

»Vermutlich ja.«

Er hielt mir die Tür zu dem langen holzgetäfelten Korridor auf, der zum Empfangsbüro führte, und der Produktionslärm wurde leiser. Die meisten Flugzeuge auf den Bildern entlang des Korridors waren mir bekannt. Sie alle waren von Saunders-Vixen entworfen.

»Jede Menge Zeit für Erkundungen«, bemerkte Hawthorne endlich. »Es sei denn, Sie haben nicht vor, je wieder zu kommen. Und in diesem Fall hat es keinen Sinn, es herauszufinden, nicht wahr?«

Gleich darauf verlangsamte er seinen Schritt vor der Tür mit der Aufschrift CAD. »Einen Augenblick«, wandte er sich an mich. »Ich werde Ihre Begleiterin für die zweite Etappe der Besichtigungstour holen.« Während ich wartete, sah ich mir die Bilder genauer an. Hier eine Abbildung einer Piper Cub, das Ebenbild meiner eigenen, im selben strahlenden Gelb, und eine Bildunterschrift: *Saunders-Vixen K-1 Chickadee.*

Ich konnte bei näherer Betrachtung keinen anderen Unterschied feststellen als den, dass es sich bei dem Motor, der auf diesem Bild zu sehen war, nicht um ein kontinentaleuropäisches Modell handelte wie bei der Maschine unter der Motorklappe meiner Cub. Wenn Hawthorne mir erklärt hätte, dass es ein Bumble-Dart von Greeves war, hätte ich mit keiner Wimper gezuckt.

Endlich tauchte er wieder auf. »Miss Bristol scheint nicht in der Nähe zu sein«, erklärte er. »Es tut mir Leid.«

Er ging zum Empfangsbüro voraus.

»Mein Besuch ist also beendet, ob es mir gefällt oder nicht?«

»Für einen der ersten Besuche haben Sie ziemlich lange durchgehalten«, sagte er ganz munter. »Sie werden müde bei so viel Neuem, und dann werden Sie rasch verblassen. Nichts, worüber Sie sich Sorgen zu machen brauchen. Sie können mit jedem Mal länger bleiben, wenn Sie wollen.«

Ich trat durch die Tür, die er mir aufhielt, in den Empfangsraum.

Auf der Empfangstheke stand ein kleiner Korb mit Pfefferminzplättchen.

»Gibt es hier einen Mann namens Gaines?«, erkundigte ich mich.

»Aber ja, natürlich«, entgegnete Hawthorne. »Kennen Sie Ian?«

Ich streifte die Fliegerjacke ab und gab sie meinem Gastgeber zurück. »Er hat ein Lieblingsprojekt?«

»Ja, das hat er in der Tat. Es ist wirklich eine ziemlich geniale und ganz einfache Idee. Ein farbiges Licht am Rand der Start- und Landebahn, das in einem solchen Winkel geneigt ist, dass es dem Piloten anzeigt, wenn seine Gleitflugbahn zu niedrig wird. Er hat es der Geschäftsleitung erst unlängst vorgeführt. Alle waren sehr angetan von Mr. Gaines. Er strahlte vor Zufriedenheit.«

Ich nahm ein Pfefferminzplättchen von der Empfangstheke, aber es war gar kein Bonbon. Es war eine Art Plakette mit dem Firmenlogo von Saunders-Vixen. Ein ovales Messingplättchen, in seiner Mitte ein waagerechter Propeller. Eine hübsche Erinnerung an diesen Ort, dachte ich, etwas, das es leichter macht, wieder zu kommen.

»Darf ich?«

Die Frau am Schreibtisch nickte. »Selbst-

Richard Bach

verständlich. Aber wenn Sie von der anderen Seite sind, wird es den Übergang vermutlich nicht schaffen. Man kann nichts mit hinübernehmen. Nur Gedanken.« Sie lächelte. »Das habe ich jedenfalls gehört. Was weiß denn ich?«

»Sie waren nie drüben?«

Sie schüttelte den Kopf. »In Duxford geboren und aufgewachsen.« Dann selbstbewusst: »Und im Begriff, fliegen zu lernen!«

»Möchten Sie, dass ich Sie hinausbegleite?«, erkundigte sich Hawthorne. »Manche wollen es, andere nicht. Einige wollen sehen, wie weit sie den Weg entlanggehen können, ohne zu verblassen. Verrückt, die Streiche, die einem die Vorstellung spielen kann.«

»Ich werde es allein versuchen«, erklärte ich. »Werden Sie hier sein, wenn ich das nächste Mal komme? Oder werden es dann andere Leute sein?«

»Zerbrechen Sie sich nicht den Kopf. Wir werden dieselben sein. Natürlich, Sie haben ja noch kaum etwas von der Firma gesehen. Die Spitze des Eisbergs, so sagt man doch bei Ihnen? Wir sind ein ziemlich großes Unternehmen, müssen Sie wissen.«

Auf den Flügeln der Träume

»Das nächste Mal«, sagte ich. »Bis dann.« Ich schloss die Faust fest um das Messinglogo. Wenn es verloren gehen musste, dann sollte es nicht daran liegen, dass ich es losließ.

Ich kehrte ihm den Rücken, und als ich zu der Tür hinausging, durch die ich vor weniger als einer Stunde gekommen war, durchflutete mich eine eigenartige Wärme. Mir gefiel es hier. Mir gefiel es hier sogar sehr.

Wie weit werde ich kommen? Durch die überdachte Passage, die Treppe hinunter, auf dem Parkplatz knirschender Kies unter meinen Sohlen. Ich drehte mich um und sah noch einmal zu dem Gebäude zurück, um es mir im Geist einzuprägen. Den riesigen Hangar, den angrenzenden Bürotrakt auf der dem Aerodrom abgewandten Seite.

Ich habe so wenig gesehen, dachte ich. Ein Empfangsbüro, einen Korridor, einen Hangar, eine Parkrampe. Einen kurzen Blick auf die Landschaft. Warum war sie nicht da gewesen, Laura Bristol, nachdem sie sich erboten hatte, mich herumzuführen?

Wie viele Leute arbeiten in dem Unternehmen, und was ist ihre Aufgabe? Ein Dienstleistungsunternehmen, hatte Hawthorne gesagt. Was für eine Art von Dienstleistungen? Flugzeugentwürfe, ja. Aber was noch?«

Ich schaffte es bis zu der Anhöhe, von der aus man das Aerodrom überblickte. Die Motorklappe der weiß-goldenen Kitten war geschlossen, der Motor lief wieder, ein Flüstern nur aus dieser Entfernung, und jetzt bewegte sie sich auf die Grasfläche zu, rollte an zu ihrem Jungfernflug.

Die Szene verblasste nicht vor meinen Augen. Ich sah mich ausgiebig nach allen Seiten um. Das nächste Mal, dachte ich, werde ich fliegen.

Ein tiefer Atemzug, um meinen Körper zu entspannen, ein zweiter, um meinen Geist zu entspannen. Ein dritter, um ...

»Richard!« Eine Frauenstimme aus der Ferne. »Richard, warten Sie!«

Mein Blick schweifte über den Weg zurück. Laura Bristol stand am Parkplatz, und als ich mich umdrehte, winkte sie. »Nur eine Minute?«, rief sie mir zu.

Wir trafen uns an der Hecke am Rand des Weges zum Hangar. »Es tut mir Leid, dass ich vorhin nicht da war«, sagte sie. »Ich musste zu einer Besprechung. Ich hätte Sie wirklich sehr gern herumgeführt.«

»Vielen Dank«, erwiderte ich, »ich hätte mich auch sehr gern von Ihnen herumführen lassen. Das nächste Mal?«

»Ich brauche Ihren Rat«, bemerkte sie. »Hätten Sie einen Augenblick Zeit für mich?«

»So viele Augenblicke, wie mich Was-immer-es-ist hier noch bleiben lässt«, antwortete ich. Eine Freude, dachte ich, länger in diese dunklen Augen schauen zu dürfen als nur für einen flüchtigen Blick.

»Ich werde mich kurz fassen«, erklärte sie. »Das Unternehmen hat mir einen Posten in der Konstruktionsabteilung für Partialdruckscheiben angeboten. Es ist eine spannende Sache, aber ich frage mich, ob Sie ... Sie sind näher an dieser Zeit. Und ich wüsste gern, ob Sie es für eine gute Idee halten.«

»Partialdruckscheiben? Ich fürchte, da fallen bei mir nicht sehr viele Groschen.«

Weit davon entfernt, über mein Unwissen entrüstet zu sein, beeilte sie sich, es mir zu erklären. »Es ist ein Fluggerätesystem. Man steuert den Druck an der Oberfläche einer Scheibe, und die Luft treibt die Scheibe in den

Richard Bach

Bereich des Niederdrucks. Man kann sehr hohe Geschwindigkeiten erreichen, der begrenzende Faktor der Schallgeschwindigkeit entfällt, weil die Maschine nicht durch Luft fliegt, sondern durch ein partielles Vakuum in der Luft ...«

Sie sah meinen Gesichtsausdruck und verstummte. »Aber darauf kommt es gar nicht an«, fuhr sie dann fort. »Worauf es mir ankommt, ist die Tatsache, dass der Posten, den man mir angeboten hat, zu einer Abteilung der Firma gehört, die einige Jahrhunderte weit in der Zukunft liegt. Aber sie verläuft immer noch parallel zu Ihrer Zeit, und ich dachte, Sie können mir vielleicht sagen, ob es Ihnen in der Zeit, in der Sie leben, gefällt. Sie haben mich einen flüchtigen Blick auf diese Welt werfen lassen, und es ist alles ziemlich aufregend, aber es gibt so viel Hochtechnologie dort, und ich muss sagen, daran bin ich nicht gewöhnt.«

Ich hätte eigentlich in der Lage sein müssen, ihr ein paar der Vor- und Nachteile eines Lebens in einer Zeit zu nennen, die technisch höher entwickelt war als die von Duxford, aber die Worte kamen mir über die Lippen, bevor die Höflichkeit der Vernunft noch die Stirn bieten konnte.

»Gehen Sie nicht«, sagte ich.

Ihre Augen wurden groß, sie legte den Kopf fragend schief, und ihr Mund öffnete sich vor Überraschung. »Ich hatte Sie nicht gebeten, eine Entscheidung für mich zu treffen, Richard. Ich hatte gehofft, Sie könnten...«

»Wie dumm von mir«, sagte ich. »Verzeihen Sie mir.« Ich suchte nach einer Erklärung, sprach sie aus, kaum, dass ich ihrer habhaft wurde. »Laura, ich bin ein Technikflüchtiger. Darum bin ich hier. In der Welt, aus der ich komme, ist meine kleine Cub fast siebzig Jahre alt. Sie ist eine Antiquität. Alles andere...«

Sie nickte. Bedurfte es weiterer Worte?

»Es ist eine große Chance«, sagte sie.

»Wofür?«, gab ich zurück. »Eine große Chance...?«

»Zu lernen. Zu wachsen. Mich zu verändern.«

»Sie fliegen eine Kitten, habe ich Recht?«

Sie nickte verblüfft. »Das Unternehmen hat großes Interesse daran, dass wir fliegen lernen. Ich habe meinen A-Schein vor einem Jahr gemacht.«

»Und Sie wollen ab ins dreiundzwanzigste Jahrhundert und Systeme für Scheiben entwerfen, die im Hyperschallbereich fliegen. Wo bleibt da der Wind?«

Sie betrachtete prüfend mein Gesicht.

»Er wird Ihnen fehlen«, sagte ich. »Der Klang von vier Zylindern und einem Holzpropeller, das Geräusch des Windes in den Verstrebungen. Und die Leute hier werden ihnen fehlen, diejenigen, die diese Musik kennen, die die Instrumente dafür bauen.«

»Und, werden Sie fragen, wenn ich bleibe, wenn ich nicht in dieses Jahrhundert gehe, wird mir die Technologie dann fehlen?« Ihre dunklen Augen ließen mich nicht los.

»Das würde ich Sie fragen.«

Eine sanfte Brise berührte uns, strich über das Gras, glättete es, besänftigte es, brachte es zur Ruhe. Brachte auch sie zur Ruhe.

»Man sehnt sich nach den Dingen, die dem Herzen verwehrt werden«, sagte sie.

»Sie brauchten meinen Rat überhaupt nicht, Laura, habe ich Recht?«

»O nein, da haben Sie vollkommen Un-

Auf den Flügeln der Träume

recht«, entgegnete sie rasch. Dann zögerte sie nachdenklich. »Sie waren eine große Hilfe für mich. Ich werde es nicht vergessen.« Zu meiner Überraschung trat sie dicht an mich heran und küsste mich auf die Wange.

Ich verlor nicht den Boden unter den Füßen, aber es war ein Gefühl, als würde ich vom Ast eines verzauberten Baumes abrutschen und in die Tiefe stürzen. Vom Aufprall unverletzt, öffnete ich die Augen.

Die Kohlen im Kamin waren graue Federbäusche unter dem Rost. Die alte Uhr tickte. Es war keine Stunde vergangen.

Draußen brachte die Nacht Regen. Meine Faust, die ich fest um das Firmenlogo aus Messing geschlossen hatte, war leer. Im Gegensatz zu meinem Herzen, das eigenartig voll war.

Laura Bristol wird die Entscheidung nach ihrem Willen treffen, dachte ich, und welche Entscheidung sie auch traf, es würde die richtige für sie sein.

Ich trat an den Kamin und legte ein Holzscheit auf die Kohlen.

In vierzig Jahren Fliegerei, dachte ich, habe ich Tausende von Piloten kennen gelernt und noch einmal so viele, deren Leidenschaft in den Lüften liegt. Wie viele hatten diesen Ort vor mir entdeckt? Wie viele gibt es hier und jetzt, die sich zu Saunders-Vixen stehlen, weil es ihnen Spaß macht, die sachte hinübergleiten, um in Höhen zu fliegen, die so viel unkomplizierter sind als unsere, in einem anderen Sonnenlicht, um an Flugzeugen zu arbeiten, die es in unserer Zeit nicht gibt, um Freunde und Geliebte zu treffen, die ihnen hier entgangen sind? Woher sollte ich wissen, wo sie gewesen waren, wenn sie es mir nicht erzählten?

Diesen Raum überschneidend, schwebt parallel zu uns das Städtchen Duxford, frei

Auf den Flügeln der Träume

von Kriegen. Was immer in meinem 21. Jahrhundert geschehen mag, keine drei Atemzüge entfernt stehen die Hangars der Saunders-Vixen Aircraft Company, Ltd., in der Sicherheit ihres Jahres 1923, eine Vergangenheit, die darauf wartet, in dem Augenblick, in dem ich mir die Reise vorstelle, meine Zukunft zu werden. Dort leben Derek Haw thorne und Laura Bristol und so viele andere, denen ich nicht begegnet bin, Ingenieure und Verkaufsexperten, Konstrukteure und Piloten, von denen ich noch eine Menge zu lernen habe.

Hawthorne hatte Recht. Wir leben in einer hektischen Welt, sie ist kein Ort für Gemütsmenschen.

Aber irgendwie, dachte ich, bin ich froh, dass ich sein Land entdeckt habe, bin ich froh, dass ich die Wahl habe.